U0149349

# 情 詩 選

楊季珠 紀州人 著

文 史 哲 詩 叢
文史哲出版社印行

國家圖書館出版品預行編目資料

情詩選 / 楊紀珠 紀州人著 -- 初版 -- 臺北市：
文史哲，民 107.09
頁；　公分（文史哲詩叢；138）
ISBN 978-986-314-435-9（平裝）

851.486　　　　　　　　　　107015365

# 文 史 哲 詩 叢　138

## 情　詩　選

著　　者：楊　紀　珠　　　紀　州　人
出 版 者：文　史　哲　出　版　社
　　　　　http://www.lapen.com.tw
　　　　　e-mail：lapen@ms74.hinet.net
登記證字號：行政院新聞局版臺業字五三三七號
發 行 人：彭　　　正　　　雄
發 行 所：文　史　哲　出　版　社
印 刷 者：文　史　哲　出　版　社
　　　　　臺北市羅斯福路一段七十二巷四號
　　　　　郵政劃撥帳號：一六一八〇一七五
　　　　　電話886-2-23511028・傳真886-2-23965656

### 實價新臺幣二八〇元

二〇一八年（民國一〇七）九月初版

# 葉　序

## 詩的兩枚戒指在極光牽引

　　婚姻是指南針指向了紅毯的盡頭讓兩首詩伸出圍牆團團繞住心靈的惦記。

　　她們因為詩的禮節、因為詩的濃厚而淡純，聚集在終身這一本「詩集」或許她們得想想這一本「詩集」的題目是不是彼此登記在想念那格欄位的名姓，彷彿回到都進入過保溫箱的那個時光，把一首一首新鮮的詩都一一洗乾淨，或許她們的保溫箱透過歷史的想像蒸發的如此的靠近，用自己的名姓鎖緊隆重又樸素的擁抱。她們彷彿在前世遇到一首一首蹲在時鐘旁的那首詩，用對方可以理解的情願說著故事中保有鏡子的忽亮和忽暗。

　　我想婚姻是季珠的右手、守護是紀州人的門把，她們擁抱後慢慢地打開名為詩的那一扇大門，無論風聲正在咀嚼、無論沙漏存在冰冷、無論世界在啃食現實的養分，她們都拿著自己的詩彼此的詩在永遠沒有角度的天空翱翔。

　　婚姻也可以是每一首詩開頭和一隻鳥停在她們眼前

的意外，那一切都是明白又輕盈的如季珠所宣誓的：曾經/巍峨的額角/任人/風風雨雨戲逐/晶瑩的淚光/緩緩鈣化，這短短六句詩即使不說出題目也就是她們心中對自我陌生又熟悉的一道一道題目，因為這首詩的詩名就是《紀州人》季珠讓心上人的氧氣吐在一首詩的跑馬燈上二十四小時無形又有形的慢慢奔跑著。直接把人名作為詩名其實是一件相當冒險的事情，但愛就是一場比詩還漫長的冒險，又如季珠在《擷》一詩中：讓/春風/拿一把密叉的掃帚/潑灑雨水/將/落下煩憂/刷洗/當

有一天，皓首蒼顏時/我會慢慢，淺淺咀嚼/一滴滴/我們的回憶，這具有想像和節奏的詩句彷彿是一枚一枚印章把自己的愛與凝視蓋在一個起霧的地方；季珠寫的詩如果是寒冬、紀州人寫的詩就是夏季，她們結合自我的舞台在名為愛的演出時安靜又結實地展開自己的羽翼。

紀州人的詩有些帶有雨林中賞著煙火的心意與新意、有些則帶有情感灌溉在每條道路的轉角總會突然察覺世界的驚喜，然而季珠的詩卻是有些輕輕地飛向了目標明確的雲端、有些則是像劃了一刀的毛筆激昂又柔軟的宣誓了詩與愛情的某個選擇。

讀這本詩集不用伸張去評論文字的使用、不用細膩去評論斟酌文字的結構，因為這是兩枚戒指組成的一本詩集，她們的心意像煙火中的流星第一次的綻放在詩的中

心，或許寫詩的夫妻還是像街道的寬窄容納著，但願意把彼此的回憶彼此的燭光在詩集裡點亮的就幾乎是極為少數了，她們扭轉了一堵牆壁總是堅硬面對世界的視覺選擇用愛來聯繫世界的訊息，但如果只有詩她們還能夠保持著青春與向上爬坡的勇氣嗎？她們還有世界和風景和味覺的愛，把自我當潛水艇潛到了可能沒有半隻魚半個生物的海底，只有一隻一隻的愛向她們伸出雙手，她們不會放掉那愛的詩意的；會不會有人說戒指其實套的只是一個最美的傳說？如果有我想這本詩集就是一個遠近慢慢移動的傳說，相同的頻率不同的自我風景卻在愛的毛巾愛的護目鏡下面對著暴雪或者風聲，她們的勇氣都是一首一首值得飛越紀律飛越孤獨的「肩膀詩」讓需要依靠的美食和景物呈現一個 Y 字形彈出最遠的彈弓輕輕地命中那龜裂的土地或者飢餓的燈光。

　　季珠和紀州人始終相信詩有愛的基因，我雖然沒有問過她們這個問題，但就讓我把愛話說在詩的前頭，因為她們的夢境有一條很長的紅地毯上面鋪滿了她們為彼此寫的每一首詩的稿紙，她們不在乎錯字、也不在乎世界怎麼轉乘傾斜的位置，因為她們《許願》她們也為詩訂了《紀念日》有人會說愛情長跑多年才是真理但我只相信愛情要在彈鋼琴時忽略了黑鍵那無法構成彼此前進的工具；這本詩集不是她們兩個人的心思或者可以說這本詩集比她們

兩個人的心思還要耀眼，縱使我說了多少或許都無法瀰漫她們那讓一顆地球融化的凝視吧！

　　天亮後，如果妳也有了愛人也可以把愛寫成詩把詩寫成愛，更需要把這一本詩集當成心中的戒指，牽引孤獨來臨時緯度變化的迷思。就讓《情詩選》為還未出生的哭泣也好笑顏也好綁上一個蝴蝶結，敲響彼此的肩膀像一個汗與淚水的馬拉松只要還跑在愛的路上步步都是夢的光圈，讓身處於沙漠身處於平原也有彷彿愛的極光維繫住詩使世界再也無法像一直握住的門把暗下。

葉雨南　寫於 2018　7 月 30 日

# 邱　序

他們的愛情，始於雲端。
他們的愛情，從文字展開。
字字句句的交會，
觸動兩顆曾經孤寂的靈魂。
終於，決定，
義無反顧的愛了。
於是乎，
一句又一句的情話，
躍然於紙上。
文字的繾綣與纏綿，
動人心弦。

洧豪與季珠的愛情，
在《情詩選》裡，一覽無遺。
彷彿對話般自然的文字，
卻有著濃得化不開愛意。
情話，要說一輩子啊！
情詩，也要一輩子寫下去啊！
用文字，來紀錄愛情的點滴。
用靈魂，來體會愛情的真諦。

而身為好友的我，感動於洧豪和季珠的愛情，就在他們結婚
的前夕，寫了一首他們專屬的情歌……

# 我 願 意 (情歌)

輕輕的，就這麼輕輕的
走進我的心裡
泛起陣陣漣漪

悄悄的，就這麼悄悄的
無預警愛上你
心中滿是甜蜜

我愛你
願意一輩子跟隨你
陪你迎接每一個晨曦
伴你欣賞美麗的四季

我愛妳
願意用一生珍愛妳
陪妳守候每一次潮汐
伴妳領略物換與星移

將你的手輕輕的牽起

我的心不再游移
我的靈不再憂鬱
就從此刻起
彼此珍惜
永不分離
兩顆心緊緊偎依
堅定說出我願意

詞/曲/唱/伴奏：邱婉蓉

# 情 詩 選

## 目 次

# 求　婚

紀州人

愛一個人不需要理由
離開一個人需要千百個藉口

因為所以我愛你
覆誦了兩千次以後
是不是可以約定到永久
或許真有前世今生的存在

為你寫了幾首詩以後
總覺得只是敷衍
或許不應該就這樣停止
我愛你

希望你願意
因為我也願意

我愛你

# 我願意

季珠

見到了愛的承認
一秒也無法等待
說出
我願意
我願意嫁給你
因我愛你
這一刻
我感受到情意在胸臆之間喧騰
淚珠盈眶
澎湃的力量讓我啓動雙唇
道出　我願意　我願意嫁給你
彷彿一萬朵藍色桔梗綻放

自從親愛的出現後
閱讀我的內心
憂我所憂樂我所樂

我們找到另一個自己
攜手實際人間美好
心心復心心結盡百年月

# 緣定三生

## —— 給老公張洧豪

季珠

初春相逢
宛如舊識
交淺言深
直入底絃
我遇見了最好的你
魚雁往返中
熟稔被喚醒
印證
情感呼應
性格同源
同質靈犀
兩情已相悅
浪漫春夜
輕靈夜鶯棲肩頭
你的聲音在迴盪
你在文字世界中
如涸魚遊回海洋

如繫網之鳥返林
振筆
人的光華顯現
禁錮蛻變
內心底層力量在顛覆中
而我
不斷閱讀
淬煉自己的解剖能力
輕易解說種子萌生為花朵
創作自我覺醒
時間翻了一頁
翻不去蜉蝣人燒胸塊壘
夏雷滾動
蟬群收聲
秋陽在窗櫺游移
盟誓的歲月不會被時間漂走
我們終於有個家
一筆一劃刻印幸福

我們在情愛中印證人間美好

# 約定的相守

## ── 給太太楊季珠

紀州人

看見雨後出現的彩虹的人是
在陽光中閃耀的你
臉上漾著暈紅的夢境

吻痕烙在緊扣的雙手
擺盪春天

我們在湖水的漣漪裡約定
今生要寫下的回憶
還要帶過去來生成為重逢的記憶

# 某（台語詩）

紀州人

你可比天頂的雨水
阮的世界等候你的慈悲
甘願是真正予你欺騙

毋願真心來換一世人
毋願投胎轉世
毋捌你

# 妻（華語翻譯）

紀州人

你好像天上的雨水
我的世界等待你的滋養
寧願這樣的期待是種不落空的欺瞞

不願意我的真心只能換這一生
不願意投胎轉世
不願意不認得你

# 老　公

季珠

暮色中
微光浮游於內心

牽著手
天真的歲月不漂走

情感在內心
永遠燦爛的
時候

# 吉　兆

季珠

今日清晨、雨季剛歇、晨曦轉為暖陽
微風吹過
送來
淡淡花香
雀鳥唱出吉兆時刻
我與你結髮綰袖
摘花為記
採石為盟
你是永恆的翼
我把擁有天空都送你
任你翱翔
你是海
我是一支槳
帶著人間美好
我們一同實現
執子之手
與子偕老

# 露珠裡的倒影

季珠

浪花拍擊成韻
朵朵水花
放眼所見
岩石沉澱刻下我們之語

我們瞳孔相遇
直到第一線曙光

# 露珠裡的倒影

紀州人

夜裡的回聲
在酢醬草的四片葉子上
留下了透明的露水

當朝陽照亮了世界的時候
在露水裏頭看見了倒影

原來你也在這裡
陪我看著葉脈上的新綠

《笠》詩刊 323 期

# 給最愛的人

紀州人

酢醬草期盼的
在清晨盛開
那是露水中的青澀和豐腴

未必需要種下花蕊
自然能夠芬芳
只要有你在的時候
耕耘的一切早在心底發芽

走進時間裡的不僅有記憶中的春泥
還有許許多多的擁抱
以及曾經說過的
我愛你

# 給最愛的人

季珠

深湛眸子溢出
在心窩
細密的情感

我愉悅地
吻你微醺的眼
高聳的唇

臥躺在攬星摘月懷裏
傾聽者震撼山谷語言
我輕柔發出迴響

我愛你

107/01/21

# 在你身畔的時光

紀州人

盤旋的雙翼
是風與雲的駐足
萬千水流已忘了是何處
有光的時候才開始懂得
身後的影子
有成對的手心
捧著在乎

# 在你身畔的時光

季珠

朝陽下
我細細撫摸你
印在葉子的腳印

我感覺到種子的溫暖

冬雪已化盡
化成跳躍的泉水
我們在這裏重逢

在初昇剎那
我發現
滴落晶瑩的露珠
滾轉在
手心上

2/21 凌晨

# 給老婆季珠

紀州人

落下的種子隨風飛揚
在牽手的時候
心頭與心底的影像
綠了緣分的新芽

很久以前
很久以後

楓葉有紅的時候
春泥有影的時候
看得見綠葉與紅花的形影
不離

# 給老公洧豪

季珠

綰心之人攜手同行
晨坐靜讀
與季節同等脈動

沿著怡園巷弄慢慢散步
玫瑰香淡淡漫遊空中
美麗的希冀盤旋飛舞

緣是偶來投石問水的天風
情是源源不息一口古井
駕著輪迴馬車
奔馳於樹林
眼觀
情在動靜，緣聚
永恆誓願落下

2018/2/14 午後

# 紀念日給最愛季珠

紀州人

有一種獨特
放在心中難以言喻
是種歲月也難以撫平的情感
激昂的又柔順的滑過心扉的縫隙

眼眸有著攜手的身影
在對焦的時刻
圓了不需要修改的戒圍
緊緊地又深深地
刻印
在走過的時光裡

# 紀念日給最愛洧豪

季珠

小時
有幸檢到反覆夢境
與一位小男孩坐於大海夾板上
小男孩一起身
我即落海
我一起身
小男孩亦同

這美夢
我含藏自喜
珍惜不已
等待現實世界中
一步步欣見其成

2/19

# 採擷幸福

季珠

我遇見了真愛
我們的日子
不知不覺臨近
我心像新帆
每個角落被你的風吹得那樣飽滿
我聞到
沁人玫瑰花香

我們
有看雲閒情
猶熱肝膽

有霍然而怒盛氣
湛然一笑淡然

彷彿前世已識
我將和你同去採擷幸福

# 眼　眸

季珠

共同奔流的日夜
躍入前
讓我成為你的浪花
成為你唯一的依靠

共同為弦月執鉤
為你網一江星斗
交換著彼此底事
久厭的夢魘
綻放成一朵笑靨

閱讀著經史
修築著
我們能伸屈的身姿
遂一起朗誦蜉蝣人之歌

有兩個靈魂
在雙眸中

# 眼眸

紀州人

滴進了過去
以後再也看不清
別人的臉孔

深深的顏色裡
淡出許多事

再見的時候
好像已經過了數個世紀
藏在滴進了過去的眼眸中
有重逢的約束

模糊了也清楚了

# 模　樣

紀州人

影子在月色裡舞著風
時而交疊
時而跳躍

心頭上纏繞著紅繩
是在月色間迷離的色彩
有著夜來香的味道
或許這是彼此的模樣

# 模　樣

季珠

影子在練唱
唱著
快樂的歌
屬於
我們的時光
凝望
灑脫的笑意
我們的雙耳
我們的心靈
豐盈充滿……

# 內山姑娘

季珠

春風後
櫻花怒放
給予灌溉一點　唐詩
花開的聲音滿溢

# 內山兄哥

紀州人

春雨後
泥土未乾時
看那鋤頭的心事
還在牛鼻環上反芻
昨夜的小雨　今日的黃昏
汗衫上寫著情字

# 緣　定（組詩）

紀州人

## 相遇
無形的視線
成了交集

## 心跳
指尖鼓動心弦
樂音脈動了寫意

## 約定
小指尖的輕吻
留下了心頭上的痕跡

## 纏綿
從指縫間溜走的髮梢
是繾綣的餘味

# 緣　定（組詩）

季珠

### 相遇
在天之涯地之角
瞳孔彼此交會

### 心跳
生命之泉在心中湧動

### 約定
尋訪百年前身

### 纏綿
十指交柔出繾綣

# 花 瓣

紀州人

暖暖的微風
帶來了多年前
從我們的手心裡落下的種子

錯身的時候
我們仍走在同一條路上

淺淺的吻痕
能成為相會的那天
初見的花瓣

# 在桔梗花開時想你

紀州人

今天的海是深藍
天空卻有一點灰暗
我們迎著相同的海風
只是我在日出時
而你在日落時
我們相逢時會不會有眼淚

當你的思念化成一朵桔梗的時候
我願意成為滋養的泥土
永遠地守候你

# 在如花的四季裡等你

紀州人

你許了花開的願望
在初生兒的啼哭聲中
眉心開始有了皺褶

輕輕地閉上眼睛
我知道你也在這裡
只是藏在人海裡

捧著春季的朝露
在黎明的前夕
蘊藏了整個冬季
在每一世梔子花開的時候
等你

《葡萄園詩刊》215 期

# 看　海

季珠

以呼嘯來
以澎湃去
如浪潮
這夜的朔風
來自山，來自谷，來自
不瀉注但濡濕

沿水而行
遙望遼闊地平線
遠方破曉初透一輪紅日

# 告 白

季珠

軒窗外
樹梢，花兒，朵朵雲彩
被不留痕跡的吻過
小搗蛋
只要你甦醒
頑皮而任性
到處溜搭，四處張望
偷偷爬上相思林
掠過寂寞心田
吶喊者
何處能握住凝然那刹那
呵呵
你似衣上花
春風吹不去

# 生活細筆

洧豪與季珠

當
潰爛已極的心靈
不想作一絲一毫
思索時
不要
以回憶為睡榻
悲傷為覆蓋

別忘記告訴自己
大自然一草一木
皆教我
再生之語
我聽到
杜鵑
微微傾訴

不願
強迫蛹去破繭
落在蜘蛛網裏

船
划到潭心
就收槳

泛舟於冷冽香上
尋不出海路

青山更在青山外
只有山是真的
百年後
此地
又將如何為深幽泉

追求帶來的耳語終將
隨時空的遞移消逝
存在的只有在當下所實踐的路程
還在照亮後人的腳步
那怕滄海桑田
那怕人事已非

漫長的海岸
須
一步步
走完

抖落凡間俗事
讓那些凡塵落入拒絕域

生活的潮漲
讓它
遺落在
孤單的沙岸

拾起的是繁星
不是回首
在閃耀的日子裡
不用回眸

潮汐走過
有寄居蟹停留

星星留不住的
還是日出

眷戀的只剩如果

# 練 習

季珠

你的目光含著感情
我在記憶中架設著
含情脈脈經緯座標
儲存我們生活印象
萌發的情愫
無法終止
浪漫真摯
藏在詩文中
形塑了巨大力量

晨曦微微
牽著老公的手
散步在野樹閒花間
聆聽
鳥鳴
蟬嘶
感應喜悅
記憶著風與葉呢喃
直至

晚霞隱入夜空
補捉永恆

天色已熹微
給最愛的人洧豪老公

# 練 習

紀州人

習慣聽同一首歌
在單身的時候

習慣想同一個人
在有你的時候

但是我的愛
是用時間做的繪本
畫著練習之後的感情

《從容文學》十二期

# 對　話

季珠

彼此瞳孔間
映照著
言語的香味

# 掛上電話後

季珠

我希望藍天的布幔變成晃蕩的波濤
與你一起遙望
對
湛藍的藍天大海
許下
明亮的心願
渴望
此時此刻
有一朵拍打的浪
攫取
溫柔的掌溫

# 掛上電話後

紀州人

距離好像又拉長了
使我更期待縮短的那時候

共同分享生活中的一切早已不夠
期待與你攜手望著日出日落
話筒那端的你
給我熟悉的感受
這樣的情緒是真是幻又是夢呢

初見的時候
你手心的溫度給了我答案
這樣的情緒是真是真還是真
距離像是沒有距離

掛上電話以後距離又拉長了一點
在重逢的前夕
與再一次別離的時刻

# 幸　福

季珠

為了遇見你
我穿越一個城市
在相同時刻
等待搭捷運的你
雀躍的心情
低頭偷瞄你的神情
站與站的距離
僅是短暫的欣喜

# 0219

季珠

曾
經
我是籠中鳥
前進，轉身，捲曲
疲憊，失落
有天，縫隙增
我
練習從容，展翅
前進依然，轉身如舊
悠悠然然
穿越，黑森林裡
迷路了
還好，還好
你指引了我
讓我聽見了，鯨魚在唱歌
今生，便再尋來，結一段情緣……

# 通話的時候

紀州人

篩下綿綿如絲細語
譜入音符
讓
鮮嫩情詩原稿
在歲月中儲存

每一個現在會成為過去，每一個未來會成
為現在，所以每一個現在都記得我愛你，
這樣就不會改變。

# 通話的時候

季珠

我們對談
從黃昏開始
在蛙聲喞喞中
繁星與溫情
夜裏的桃花源
在對談中
到了東方白
將在鼾聲裏
美景已映入
柔聲
喚醒了暖洋洋春耕圖
甜美的夢土
彩虹從山谷出走
白雲是天空的窗
思念的弓拉動時間的小提琴
韋瓦第的四季
明媚了
窗前風景、我們在深夜對談

# 我比較在乎你

季珠

暮春三月
遠方會有人殷切讀著
遠方的來信
開頭是善良的問候
我的案頭剛擺上
時間與空間交替的厚書

偶而和煦的春陽
爬上那本
前世今生的書
向我探問消息
用我無法了解語言談論
親愛的
你思考皺眉時很好看
請海風替我引路
踏向眼睛外的國度
祝，情人節快樂

# 愛情防腐劑

季珠

Messenge
是種等待
開始敲訊息時
已經期待她的回信
記憶的蝴蝶
在前世今生裡
翩翩飛舞
遠方的她
一字一句閱讀著
因緣際會傳來的
的情書
在深夜熟睡中
也感受你在身旁
事物會有保持期限
我為愛情
不停
添加防腐劑

# 情　緣

季珠

在
時間與空間
抖落凡間俗世
相護相守
盟誓

# 愛相隨

季珠

你是岫
我是一片綽約的雲
將亮麗凝聚於山頂
令萬人囑目
你是牆
我是攀緣的葛蘿
讓一片如瑪瑙之斑爛秋色
裝飾在雅緻庭院上
我是黃昏
而你為我揮灑成夕陽
讓微茫暮山成為深紫
天空已塗滿胭脂 ⌒
我是
一襲薄紗的灰色雨
而你 ⌒ 你讓雨霽天青
在無垠長空為我畫下
彩虹 ⌒ 彩虹又升起 〜〜〜

# 思悠悠

季珠

回首
在千人中，窺妳
因妳
我執迷不悟
妳是永恆的花
我移妳植於瞳中
妳是洛水
我為一篇感甄賦

妳為海
故我是一支槳
從此以後 ∼∼ 航行
複雜的人世
也許是
複雜的防盜系統
涉世越深
經驗的故事如一道鎖
加強囚禁
在

不可能岩崗上種出艷美
在
無聲無影的現實
猶能
靈魂牽手
異地同心 〜〜〜〜

# 歲暮詩箋

季珠

我的感恩節
在你用秋日為我構成的春天
感謝你陽光的溫暖
撫慰我心靈的幽暗
感謝妳如樹的雙臂
為我圍成童話國度
感謝妳曾向我走來
證實我的存在

有福氣的情感
無須斧鑿雕琢
不勞朝朝拂拭
就以
紅繩為我們繫腕
繩的另一頭
不繫富貴浮雲
不綰宦海浮沈
將繩繫在小樹上
刻下情深

封緘

# 給最愛的人（一）

季珠

在雪封的深林裏
我願意
做他的行路杖

# 給最愛的人（二）

季珠

馬鞍藤匍伏於沙灘
不停向大海詢問
自己粉紅背影有遮蔽嗎

＊　＊　＊

披風戴雨行程中
寧願自己淋濕
仍以笠護他

＊　＊　＊

置身於急流時
猶能抬頭仰望星光
水深時
願以彼此為繩索
為長篙
即使身陷漩渦
亦能感受
源源不絕力量

# 金步搖

季珠

有天
行過櫥窗
精巧美麗髮釵吸引著我
挽起髮
斜斜簪上金步搖
鏡裡的容顏
反映出古銅奇異光輝
在我眼前
瑩瑩閃爍﹏
生命中，所有情節
或許是一場無止盡的輪迴
如能選擇，依然選擇十丈紅塵〰〰〰
若是你，我會愛
沒有目的，允諾償還允諾
我是不諾，﹏嘻然諾之
讓，所有前塵往事，顯現

# 看　見

季珠

花的朵影
葉的雕圖
情的滄浪
人的聚散

遠逝於不回頭光陰中
涯岸送行
問清
生命緣由
存有理則
心裏傲骨嶙峋
掩飾內在弱小
舉止起落之間
隱藏言語笨拙
卻
狂熱為知識的進行曲嘹亮雄壯
希望
我們
成為

坎坎擊鼓人
荷鋤
深厚柔美筆墨之田

擁抱美善之愛
懂得彼此守護
一步步攀越
磅礡豐富之泉
記錄著心靈史跡

路不盡
聽聞到你的跫足
感觸到你的手溫

4/29

# 紀州人

季珠

曾經
巍峨的額角
任人
風風雨雨戲逐

晶瑩的淚光
緩緩鈣化
青衫少年
微顫顫地站在荒蕪上
心中墨跡猶未乾透
迎風雕琢
鍾鳴鼎食之家
青雀黃龍之舳

飛越
無助重疊的窒息
深邃肺腑中逸出
絕唱

醒

陽光閃耀
如詩如畫如夢流溢
靜氣凝神
筆墨橫飛紙上
濃，淡，乾，濕
渾，皴，點，頓
闢天地玄黃之色
轉折，騰躍，
咫尺顏彩……

# 捷運前

季珠

穿著絢爛彩衣的城市
時光舀了一瓢水灑出
有雙秋水
找尋著生命流動的方向
終點隱逸在不同交疊中
每個出口皆有陽光
贈洧豪

# 將你寫進情詩裏

李珠

感恩時刻
在你用愛為我構成的春天
感謝你陽光的溫暖
撫慰我心靈的幽暗
感謝你如樹的雙臂
為我圍成童話國度
感謝親愛的向我走來
證實我的存在

# 擷

季珠

讓
春風
拿一把密叉的掃帚
潑灑雨水
將
落下煩憂
刷洗
當
有一天，皓首蒼顏時
我會慢慢，淺淺咀嚼
一滴滴
我們的回憶
淡淡微笑著
抖落凡間俗事
揉著春泥與綠草清香
飯疏食飲如瓊漿玉液
甘之如飴
相知相守

# 一心一意

季珠

我們從疾風中走來
昂首而行
黑暗中
我們綻放笑容
我們的日子越來越近
每天皆成為美麗的回憶
在我生命中沒有比此決定
更明確
我愛你
我快樂的說
你給我安全感
從一開始
我付給你完全的信任
初相見
的熟悉感
令我驚心
我願意將舵手位置交給你
我願意留在你船上
我們共濟小舟
沒有人能像你給我安全感
我愛你

月夜
我們散步於溪畔
你真摯言詞閃爍
我心中亮起星月清輝
抬起頭
長長道路伸延
如同聖壇前柔軟紅毯
今晚我對你說
我喜歡屬於我們小小天地
天黑時
我拉上窗簾捻亮柔和燈光
一起憩息
有你在的地方就是家
我知道
鑰匙遞在手心時
你的心靈中每個空間我皆已持有鑰匙
等待是美
美麗的希冀盤旋飛舞
我
即將與你
共同採擷無窮幸福
我愛你
親愛的

05/17

# 甘醇老公爲我親手製紅茶

季珠

廚房空氣中
緩緩上升的茶煙
隨著呼吸悠遊
琥珀色的液體在眼前
茶汁
緩緩延喉嚨而下
與身體融合
那股甘醇
沁潤嘴唇
尤如蝴蝶振翅撒落下花粉
滿腔清香
甜甜浸入心中
握杯聞香
飲後回甘
一撮葉
見一生
老公為我親手製紅茶

# 花戒指

季珠

靜謐的夜晚
將
綿絲編織成繩繫於戒子上
輕輕
靠近掌心上
戒子圓軌擺圖在今
天機洩
眼觀
緣已聚
命宮已定
笑容燦

# 良 辰

季珠

自東方拋來的晨光
似蠶絲捻的繩
捆收紗帳般的霧
望著車內雙雙相連車箱
不同相連的旅程
起站至終站
衆多臉色與眼色交叉而過
我們進入彼此的瞳孔
秋天將舊葉揉掉
飄著風信子與薰衣草的春日
從樹下抬頭仰望
陽光拂過綠葉閃閃發亮
樹梢在藍天的襯托下活動
華燈初上一款款流曲
莫過於月照映康橋樓

# 約定的相守

季珠

自從認識你以來
我
一直小心翼翼讀著
你的文字
讀你
內在的視野
你跟我說
即使再難堪之事
也有可取之處
遇事待人不宜單眼覷之
非一尺所能量
我讀出了
百年視水與三歲觀河的深闊視野
夜已深
窗外
夜空懸著上弦月
月如鐮，斷的了

癡愛情腸嗎
日復日為你捻亮燈
償還一瓢飲之情
悠哉悠哉，輾轉反側

# 我們漫步瑠公圳巷弄

李珠

日影傾斜
我們沿著瑠公圳巷弄往前散步
擦身而過是綺麗的牆簷彩繪
路邊的小花微笑著
走著
走著
眼前綠地映眼前
洧豪靦腆說著
想看看座落角落裡三輪餐車
亮麗老闆娘招呼著
熱鍋裡滾燙著
台南的味道
酥脆入口
東成的滋味在心裏翻騰
我見到
洧豪滿足的眼眸

# 快　樂

季珠

你點點音樂
我聊雪月
若餓含一口餘波蕩漾
你這般安靜
風起
停歇在你懷裡
春光依舊
清香歲月蜿蜒

# 快　樂

紀州人

有時候
太開心會捨不得睡覺
像是夜裡的星星
接受朝陽的告白
寫下了藍天白雲的情書
回不去夜裡的閃爍

# 臻　愛

李珠

深夜
網住雨聲
味覺神經開啟
在　　　　　　　　沸騰的湯碗
和著山薑與青蔥
鮮甜綿密的魚肉在口中
陶醉著
一剪在握
剪落
魚背脊上的利鰭
剪斷
傷人的刺
圓了珍饈
濃郁的心
烹調入湯
愛
藏在食材中
情　是最好的料理

# 梧桐相待老

季珠

風雨與陰暗
離合與悲歡
都
化成
生命中一抹
釋然微笑，

九丈紅塵
是否有一條無限堅美之繩
繫初日之光，為羽翼
繫落日雲霞，以裁衣
繫千年之前，之盟約

紀念日
謝謝你來到身邊

# 追　尋

季珠

花兒開遍
新綠盎然
你說要去數春天
你說
春天在哪裏
踩滿野泥
攀摘小花
攔溪流小魚
你說
春天在哪裏
說
我是你生命裡的春天

# 許願 7/7

季珠

一枚銅板換池中漣漪，幸福敲門

# 夢 / 輪迴

李珠

我緩步走至老公身邊
沈靜穩妥微笑
深情望著我
擷取最美的笑容
記錄下人間情份

悠遠的回聲
在宜蘭度情人節

7／7 長生殿

# 紀念日（緣定）

紀州人

**相遇**
無形的視線成了交集

**心跳**
指尖鼓動心弦
樂音脈動了寫意

**約定**
小指尖的輕吻
留下了心頭上的痕跡

**纏綿**
從指縫間溜走的髮梢是繾綣的餘味

# 緣　定

季珠

**相遇**
在天之涯地之角
瞳孔彼此交會

**心跳**
生命之泉在心中湧動

**約定**
尋訪百年前身

**纏綿**
十指交柔出繾綣

# 雙　喜

季珠

幸福的相遇
探尋一朵
靜謐......春之香
雙囍於光明......
生活日記......

7/24

# 尼莎颱記事

李珠

夏日晨光
在街頭漫舞
是否來到混沌未開
七竅未鑿之地
無法
以現有認知與語言
解答
山林依然蒼翠嗎
是否黃昏流光暗了它
橘霞佈滿天空
奇特的感受在心底攀升
像
燎燒的山林被冷雨打熄
整個城
已在眼前溶化
雷雨沁過
日在眼前破雲
雲塊吞嚥著
天散漫著餘芒

內在波濤
過眼間
窗外
近山暗綠
雨滴似醉酒的鼓佚
瘋狂敲打
隱形巨獸
對大地張牙舞爪展開
咆哮著
合奏驚愕交響曲
由遠至近
由近至遠
破了的風
勾在樹枝間
老公關緊窗台
巡視著
深怕雨水從窗隙滲透
讓充電器材注滿電流
讓光在黑暗中散芒
縈縈不滅
許下願望
捻燈，吐墨
夢中字千軍萬馬奔騰
我們
偕行至鬢髮髮白

# 夏日的夜晚

季珠

我們
嚮往味覺可憩息地方
不知
用什麼詞彙來詮釋我們感官所
攝取一切
在這裏嚐到鮮美的滋味
在這裏見到金黃酥脆的雞腿
蒜香四溢
在這裏見到了溫柔體貼的老公

牽著老公的手散步於夜市
叫賣聲似秋天落葉
最先活絡是簡短
彩卷聲
由遠而近的祝福音
夾雜著氣車聲浪兀自前進
腦海裡
編織著
刮中的幸福

攜家帶眷的人群
叫賣聲
漸杳渺

穿過喧嘩的市街
思考
許多人夢想
嚮往
有自己的蝸牛殼
生活在生命渠道中
望著著身邊的老公
我知
自己有所依靠

# 重逢以前的心事

紀州人

日出的朝陽
日落的夕陽
旁人說只是感受的不同罷了
如同想你的心
只是在乎而已

我在的地方有海浪的聲音
你在的地方有車流的呼嘯
相聚還是相距
難以測量

我想寫情書給你
卻不知道該怎麼落款
所以　望著沒有月亮與星星的夜空
嘆息著光害

# 愛你在日出日落時

紀州人

希望將日光摺疊
偽裝我的唇印吻醒你
痕跡寄放在回憶
不透明的信紙
用明白的情愫膠裝
纖維只斷開在你的眼角
信裡我用了許多
或許
那是期待著肯定句
如同我許你的日出日落時
由你來寫下標點符號
由你來寫下標點符號後的故事
或許
再畫下一份成長的素描
漾出水彩

# 一生守候

季珠

靜謐的夜晚
緊握著溫暖
在巷弄中漫步
我們睇視
遙遠星子

深情凝視
在彼此眼底中旅行

深夜
我從
鼾息聲
聽見你

掀動我的鼻翼
陪伴著我呼吸
老公
將
春息芬芳送給我

我願
守在身邊到最後一息
千山萬水永不相離

指間勾纏
愛字
一筆一劃　勾勒
給最愛的男人洧豪

　　　　　　　情人節日記 106/08/28

# 勉　強

紀州人

教室裡的天空
是我可以伸手去摸的

於是我開始作夢
所有的都是可以觸摸的

直到雷聲響起的時候
才被抓回來訂正
畢業考的試卷

借日語漢字聯作
生活日記 9/10

# 眞　劍

季珠

吻著
昨夜的溫存
在你的胸臆
吻著
我們走過的坂道

在微顫語音中
隱藏著展翅前的激揚

借日語漢字聯作
生活日記 9/1

# 只想悄悄告訴你

季珠

秋是你的季節
但我似一隻挺立白鷺鷥
只想安靜
簡單的
愛著你
千年之後
我們化蝶
飛翔於楓林間

# 有你的地方才是家

季珠

來到小小盆地數十年載
不知是否喜歡這裏

童年時
我的故鄉
鄉村平原
春天的　稻浪
綠波漣漪
我們用　寬廣的眼界
去欣賞
大自然藍與綠美麗的色調
聽
天空與自然對話
閒適的心情去欣賞
白鷺鷥驚起一灘翠波
晃樣野趣

在夏天的裏
稻浪

藍與白揉合
赤裸雙足去踏浪
雙手去感觸稻穀在掌中
充實與喜悅
耳邊傳來
一串串黃金在風中搖晃的聲音
抬頭望
山巒與雲霧偷偷在繾綣

純樸的小村賦予我生命肯定
啓蒙著我
追求美，追求真
用寬闊的心去看待
我聽到
一串串黃金粒在風中搖晃
因那是
吸收陽光精華
取雨水的肥潤
早春至仲夏
慢慢萃煉而成的黃金

都會是否是異鄉
心底存在彼此差異
往昔桃源小村
村婦
農夫是夢
眼前

鴿籠鐵壁映照著

我向愛人傾訴
隨著對談文字
翱翔
美好情境
討論解決現實困厄
引導著去透視事件的虛實
宏觀
回到善良本性諒解

在這裏
落籍經濟性島內移民
跨國新住民
帶著文化根性生根
模糊國界
古典與前衛上映著

小小盆地
留下生活烙印
來到都會數十載
不知我是否喜歡這裏

有你的地方才是家

# 生活日記

李珠

謝謝老公陪伴
回到
年輕時遺落的大志
桃園龜山
文化一路 長庚校區
斜雨落在黃色傘面上
與朔風頑抗
撲撲聲在耳邊
逆風行走的時光
節次鱗比的校舍
一筆一劃的校訓
勤勞樸實
在焦灼注目的眼中
佔據心的版圖
登上久違的泛亞巴士

觀音寺的屋簷
林口三井亮麗的櫥窗

10/7

# 樸實肩揹包

季珠

拆開
老公訂製的禮物
樸實肩揹包
清隆帆布行老闆
厚實的雙手
一針一線縫製
黑色底層鑲著橘黃
似
黃昏微光中
清晨鳥兒來到
縫製著
六個收納袋
收藏著老公的愛

生活日記 11/13 夜

# 感恩的日子

季珠

最好的生日禮物是老公

行走在屬於初春的雨中

我的感恩節在今日
感謝老公向我走來
在老公用真心為我構成的春天

感謝老公溫暖我心
感謝老公綿密情意
讓老婆化為詩篇
感謝老公雙臂
為我圍成美麗的國度

12/01

# 年年有餘（一）

季珠

老公將魚塗裝
將春天留在餐盤上
口中咀嚼著愛
滋潤著心
讓
我
瞬間靜止
撫摸著老公的心

# 年年有餘（二）

季珠

老公
悄悄將愛
藏在魚肉中
醺香挾入口中
饑腸肚皮鼓盪著
佳餚
在初春中復甦
我
擦拭
感動潤濕的眼眶

# 年年有餘（三）

季珠

春天來了
在日常中
日日觀察
食物細微變化
老公在
餐桌上的舞台控制自如
哪個時刻
關火
皆是關鍵

品嚐了老公煙燻鯧魚
隨著肉質醺香
節奏
開啓了新能量

感動於
生活中不一樣的能量
料理帶給我幸福

食物企劃誕生
從老公的愛
從生活中開始

感謝老公為我烹煮年菜

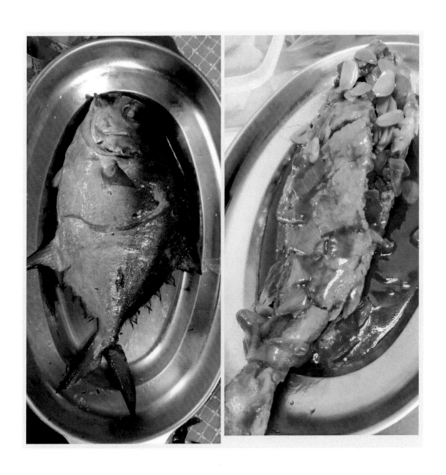

# 平平安安

季珠

低溫寒雨中
老公接老婆下班
撐起傘
我們走在雨中
走到耕莘前的 7-11
眼前的扭蛋
讓我們興起擁有的慾望

欣喜著
老公讀懂老婆的心

拆開扭蛋
驚叫聲起
幸運獲得
心中所願

老公
謝謝您
平平安安

# 夜

季珠

網住了
形點與意念

直到你出現
才有句點

# 給摯愛洧豪老公

季珠

微風
吹散蒲公英花毯
靜靜臥躺在老公的心窩

傾聽
老公浮世波濤
傾聽
老公紀實小市民生活圈
揉合意像
蘊藏深沉人生智慧

傾聽
料理食材各種方法
讓工作中的老婆品嚐美食
感受愛的滋味沿食道滑入
我給以我的凝望
凝望裏有詠慕

# 給最愛老公洧豪

季珠

執筆之字
化成溫潤甘霖
化解冰封的心

# 太平洋的風

季珠

不願聆聽
貼近耳膜
老公踩上
普悠瑪步履聲

我
的瞳孔脈絡
隨著
車速
扔向遠方
大地，海洋
從心底竄出
5/28
不願聆聽
貼近耳膜
老公踩上
普悠瑪步履聲

不經意

的思念
停泊在雙眉捷上
停留在青翠的太平洋上

# 攜　手

季珠

立夏
我們漫步在詩情國度中
指間滑過文字城堡

往昔呢喃
輕柔再讀一遍
在心發出迴響

光亮和色彩照映

5/8 答謝之行

# 七　夕

紀州人

關不上窗簾
我在等月娘的信
希望不要有烏雲的延遲
雨絲不要換我的口音

轉世不是種傳說
潮汐在深刻時思念
貝殼被商人兜售著
親愛的不要相信

拍擊的浪潮高亢
請你看著今夜的螢光
即使月色昏黃
他們也能照亮我的心

我的心在你的眼
看見的煙火
看見的彼方

# 三角湧的日落

紀州人

斑駁的牆上寫著新刻的感動
後人的姓氏都翻湧了起來
有些足跡印上了石磚
像說故事的老人
對著他們走過的日子
彈唱黃昏日落的曲子
響起勾勾手指的約定


註：新北市三峽區舊名為三角湧

# 三角湧的日落

季珠

我們踩在 18 世紀
地磚上
貯存靈魂之錦篋
焦躁的世界轉換成
天寬地闊國度

手持著冰涼雞蛋冰
品嚐兒時記憶
身旁友善的老闆
對我們敘說著
珍惜故事

思緒牽引
逐字逐句寫下
相知相守

《葡萄園詩刊》216 期

註：三峽舊名，三角湧

# 心　情

紀州人

牆上的日曆
在你以前
是撕下就放的

在你之後
是摺了又摺的
火種

# 光影與陰影

紀州人

面對你的時候
忘了背後的影子
當你轉身的時候
我看見了背後的影子

視線黯淡的時候
抓住了我
在星辰與夕陽的交點

明朗在日出以後
白色的晴空像是未來的畫布
讓我們恣意的暈染

# 回收的淚水

紀州人

落下的雨
有天會回到天上
在那之前會成為七彩的虹
看見的人會明白

落下的淚水
有天會走進愛裡
在那之前會滋潤沒有血的傷痕
愛你的人會明白
出現以前的故事
都是為了下一次的重逢

# 在你身畔的時光

紀州人

盤旋的雙翼
是風與雲的駐足
萬千水流已忘了是何處

有光的時候才開始懂得
身後的影子
有成對的手心
捧著在乎

# 在與你的方向相反的列車上想你

紀州人

車廂內的燈熄了
為了換上新的列車頭

沒有寫名字的車票
是否暗示我搭錯車班？

車窗外只有黑黑的影子
在微弱的燈光下

車廂內的廣播
說的是下一站在何處

從來沒有告訴我
何時才能到達你的那一站

《從容文學》12 期

# 味　道

紀州人

晚起的早晨
枕頭上還留有餘溫
冰箱上的磁鐵
寫著昨晚的筆記

洗衣機正在脫水
風吹動了掛在桿子上的曬衣架
熟悉的身影還在客廳彎腰
擦著每天的足跡
順便寫上新的期許

# 知名橋

紀州人

山脈上盤旋的浮雲
終究要化作潺潺的溪水
充實分開的兩岸
橋下的倒影
任憑雨滴去催化

在出海口之前
這份執著演化成了橋墩
撐著相逢的雨季

# 星 座

紀州人

傳說告訴我
故事會升到夜空
在月色昏暗的時候
化作星星
作為指引方向的導引

當歲月燃燒成夕陽
我知道我也即將升空
將我的故事化作黑夜的星辰

沒有人紀念過我在地上的一切
從來只有人告訴我理想的盡頭是黃昏
所以我情願化成天邊的那顆星
指引著握著星象盤的你的方向

多年以後的時刻
不是我在天上你在地下
而是我在南邊你在北邊

閃爍的時候

不是夜深
是為了紀念
我們在地平線上的重逢

# 紀念日給最愛季珠

紀州人

有一種獨特
放在心中難以言喻
是種歲月也難以撫平的情感
激昂的又柔順的滑過心扉的縫隙

眼眸有著攜手的身影
在對焦的時刻
圓了不需要修改的戒圍
緊緊地又深深地
刻印
在走過的時光裡

# 重逢以前的心事

紀州人

日出的朝陽
日落的夕陽
旁人說只是感受的不同罷了
如同想你的心
只是在乎而已

我在的地方有海浪的聲音
你在的地方有車流的呼嘯
相聚還是相距
難以測量

我想寫情書給你
卻不知道該怎麼落款
所以　望著沒有月亮與星星的夜空
嘆息著光害

# 重逢時的日光

紀州人

手心上的溫暖
是你帶來的問候
瞳孔中的思念
是我在過去放不下的
又在你眼中浮現

如果你是雲
那麼我要成為山
永遠的和你在一起
在無垠的天空下

# 風

紀州人

吹醒了夢
飄向遠方的你的方向
真實的觸動
彼此的距離還在
只是逐漸減少
在雲頂的陽光下
閃耀

# 氣 球

紀州人

起初我被誰握在手心
那條線緊緊地纏繞在他的手上
不肯放開
直到他看見更誘人的霜淇淋
才將我放開

自由翱翔的我
很快地便眷戀起被纏繞的感受

緩緩地降落在你的心裡
即使洩了氣
也感覺到安心

《創世紀詩雜誌》194 期

# 託管的心臟

紀州人

在你身上有這樣的繫絆
掌管著我全身的循環

脈搏的顫動
傳遞給你所有
想說的與聽見的

血液流過的時候
是複習這一次又一次的
牽手的記憶

讀我

# 涼 風

紀州人

走在前頭的光芒
為夜上了霓虹的顏色
記憶中的柚子花香藏在九月

十指緊緊的握著
想要寫一封情書
讓今夜的涼風送給我們
記憶中的柚子花香

《笠》詩刊 321 期

# 通話的時候

紀州人

耳朵與嘴唇開始貼近
你靠在我身旁

戴上耳機
再拉近了一些
心隨著語音的節奏跳動

日子開始靜止或是流逝呢
已拒絕時間的回應

# 給老婆季珠

紀州人

落下的種子隨風飛揚
在牽手的時候
心頭與心底的影像
綠了緣分的新芽

很久以前
很久以後

楓葉有紅的時候
春泥有影的時候
看得見綠葉與紅花的形影
不離

# 給最愛的人

紀州人

酢醬草期盼的
在清晨盛開
那是露水中的青澀和豐腴

未必需要種下花蕊
自然能夠芬芳
只要有你在的時候
耕耘的一切早在心底發芽

走進時間裡的不僅有記憶中的春泥
還有許許多多的擁抱
以及曾經說過的
我愛你

# 給摯愛季珠老婆

紀州人

晨光
是永恆的呢喃
彼此的體溫
圓了一顆心

初見的雨季
相逢的車站
有相同的腳印並排著
踏出了時光
寫下這一份執著

比翼與連理
不過是幾分之幾的比擬
山高海深
不過是幾分之幾的比擬

唯有這絮語
是永恆的呢喃

# 週 末

紀州人

捷運裡
博愛座旁空著兩個位子
適合兩人攜手
觀摩年邁的幸福

不需要事先溝通的
互補的默契

階梯或手扶梯
都不會忘記交疊的手心

# 填滿的距離

紀州人

島嶼從海底升上來的時候
不知道有沒有許下這樣的願望：
「把地心的溫度帶上來……」

站在島嶼的邊緣
望著從遠方來的白浪
思索著是誰送來的禮物
那是無論晴雨無論季節都常在的快遞

蹲下觸摸島嶼的肌膚
感受到微微的溫度
那是不是從地心被帶上來的
能夠把距離填滿的

據說島嶼已經存在幾千萬億年了
是否已經走過幾世
是否已經離合聚散了幾次
又在此刻重逢

# 領 悟

紀州人

當遇見千百個人以後
才發現身分證上的欄位
只允許寫上一個人的姓名

# 想你成為一種新的習慣

紀州人

望著掌心的紋路
低頭祈禱有泉水去充滿
使其不再是種龜裂的印象

指尖的心事長了
就用你送給我的剪刀修潤
是我最近養成的新習慣

抬頭看見窗外群集的是
太陽底下的人影
或許你在
或許你在

# 愛你在日出日落時

紀州人

希望將日光摺疊
偽裝我的唇印吻醒你
痕跡寄放在回憶
不透明的信紙
用明白的情愫膠裝
纖維只斷開在你的眼角
信裡我用了許多
或許
那是期待著肯定句
如同我許你的日出日落時
由你來寫下標點符號
由你來寫下標點符號後的故事
或許
再畫下一份成長的素描
漾出水彩

# 夢醒時你在

紀州人

在每天清晨
我想聽你説話
延續昨天的夢境
像真實的一樣好

如果有句話叫做我愛你
那應該不夠
我想聽你説話
越長越好

在每天清晨你睡醒之前
我已經睜開眼睛
看著你的嘴唇
守候著你開口的時分